CARNETS DE NATURE

LES VOLCANS

Leïla Haddad

Illustrations de Vincent Jagerschmidt

MILAN
jeunesse

Comment utiliser ton carnet

Ton carnet a été conçu pour que tu puisses t'en servir directement sur le terrain : grâce à son petit format, tu peux le glisser facilement dans ta poche ou dans ton sac à dos, et l'avoir ainsi toujours avec toi lors de tes balades-découvertes.

Le feu de la Terre

Les volcans sont les cheminées par lesquelles s'échappe la chaleur fabriquée au cœur de la Terre. Certains explosent en vomissant d'ardents nuages de gaz, tandis que d'autres lâchent d'inoffensives fontaines de lave. La plupart d'entre eux se trouvent... au fond des océans ! Ils tuent, mais ils enrichissent aussi le sol de nouvelles roches et de bons sels minéraux.

p. 30, l'**index** te permettra de retrouver rapidement l'information de ton choix.

- un **texte** qui t'explique, en détail, les spécificités de chaque volcan, les mécanismes de l'éruption et ses conséquences ;

- des **activités** qui te permettent d'étudier les phénomènes ;

Sommaire

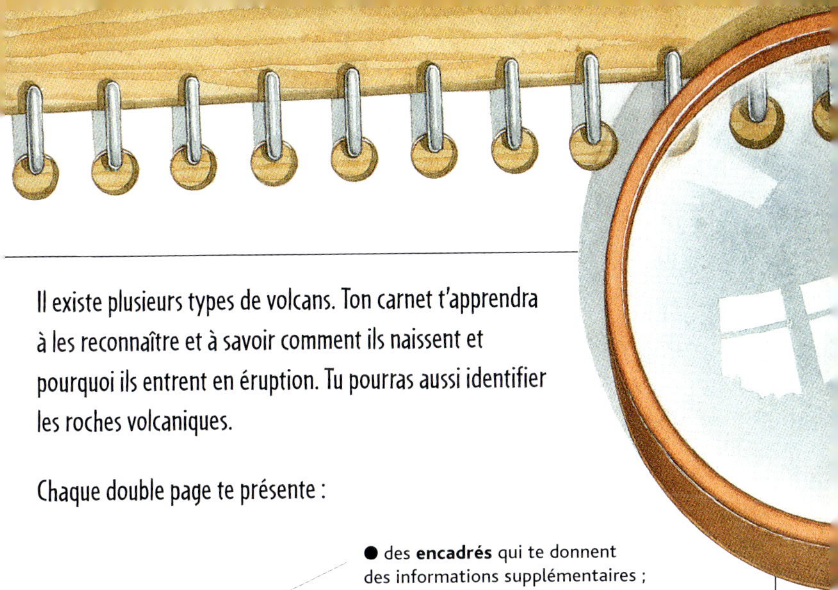

Il existe plusieurs types de volcans. Ton carnet t'apprendra à les reconnaître et à savoir comment ils naissent et pourquoi ils entrent en éruption. Tu pourras aussi identifier les roches volcaniques.

Chaque double page te présente :

- des **encadrés** qui te donnent des informations supplémentaires ;

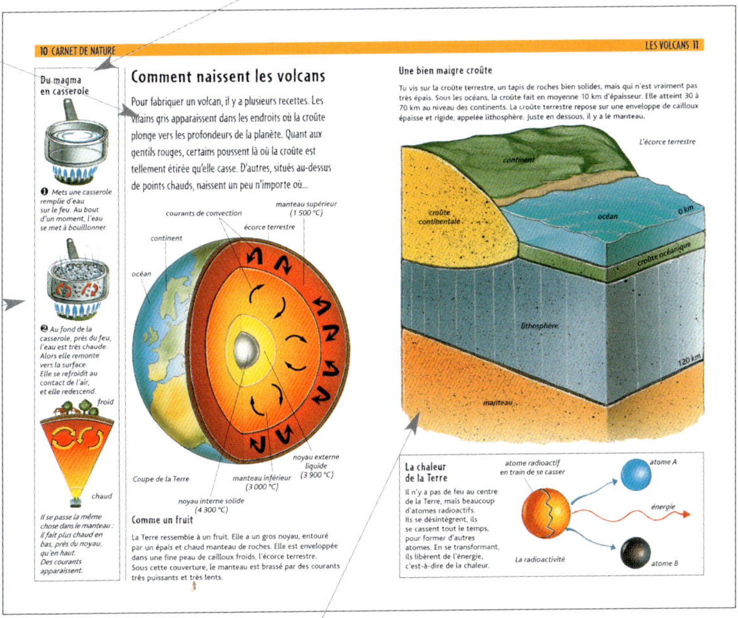

10 CARNET DE NATURE

LES VOLCANS 11

Du magma en casserole

❶ *Mets une casserole remplie d'eau sur le feu. Au bout d'un moment, l'eau se met à bouillonner.*

❷ *Au fond de la casserole, près du feu, l'eau est très chaude. Alors elle remonte vers la surface. Elle se refroidit au contact de l'air, et elle redescend.*

Il se passe la même chose dans le manteau : il fait plus chaud en bas, près du noyau, qu'en haut. Des courants apparaissent.

Comment naissent les volcans

Pour fabriquer un volcan, il y a plusieurs recettes. Les vilains gris apparaissent dans les endroits où la croûte plonge vers les profondeurs de la planète. Quant aux gentils rouges, certains poussent là où la croûte est tellement étirée qu'elle casse. D'autres, situés au-dessus de points chauds, naissent un peu n'importe où...

Coupe de la Terre

Comme un fruit

La Terre ressemble à un fruit. Elle a un gros noyau, entouré par un épais et chaud manteau de roches. Elle est enveloppée dans une fine peau de cailloux froids, l'écorce terrestre. Sous cette couverture, le manteau est brassé par des courants très puissants et très lents.

Une bien maigre croûte

Tu vis sur la croûte terrestre, un tapis de roches bien solides, mais qui n'est vraiment pas très épais. Sous les océans, la croûte fait en moyenne 10 km d'épaisseur. Elle atteint 30 à 70 km au niveau des continents. La croûte terrestre repose sur une enveloppe de cailloux épaisse et rigide, appelée lithosphère. Juste en dessous, il y a le manteau.

L'écorce terrestre

La chaleur de la Terre

Il n'y a pas de feu au centre de la Terre, mais beaucoup d'atomes radioactifs. Ils se désintègrent, ils se cassent tout le temps, pour former d'autres atomes. En se transformant, ils libèrent de l'énergie, c'est-à-dire de la chaleur.

La radioactivité

- des **schémas** légendés qui t'aident à mieux comprendre les mécanismes.

Attention au volcan qui dort

Entre deux éruptions, un volcan dort. Il peut rester sage comme une image pendant des siècles, et puis se réveiller brusquement. Quand un volcan s'éteint, plus rien ne peut le tirer de son sommeil. Au bout de quelques années... ou de milliers d'années d'activité !

La montagne qui crache des pierres fondues

Sous tes pieds, à plus de 100 km de profondeur, la roche se met parfois à fondre. Elle se transforme en une bouillie hyperchaude appelée magma. Sa température peut dépasser 1 000 °C ! Comme une grosse bulle, le magma remonte vers la surface de la Terre. Il se faufile à travers les cassures de la croûte terrestre et se déverse à l'extérieur. Un volcan est né...

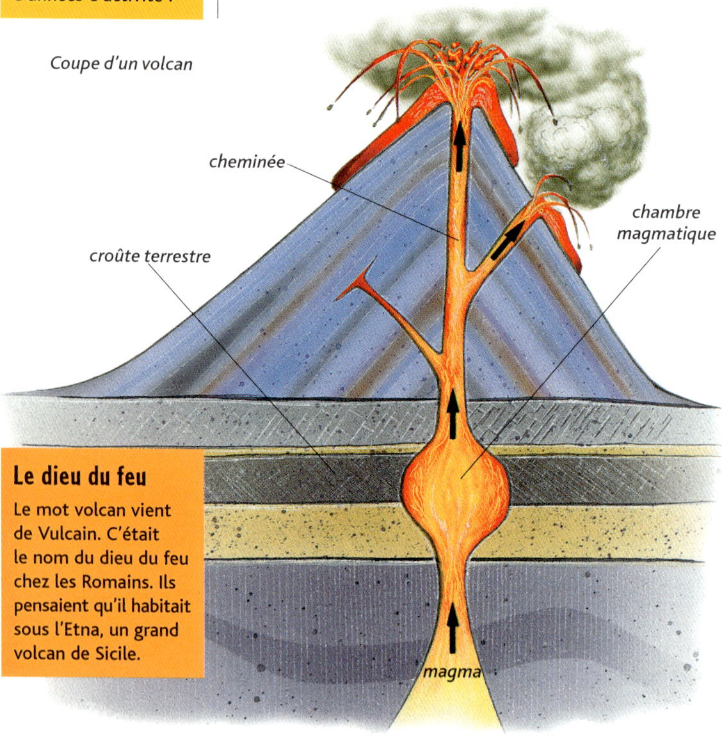

Coupe d'un volcan

Le dieu du feu

Le mot volcan vient de Vulcain. C'était le nom du dieu du feu chez les Romains. Ils pensaient qu'il habitait sous l'Etna, un grand volcan de Sicile.

Le volcan se réveille

Un volcan entre en éruption lorsqu'il se met à cracher du magma. Il peut rester calme, mais aussi devenir très violent. Une éruption peut durer quelques heures, quelques jours ou parfois des années.

Éruption violente

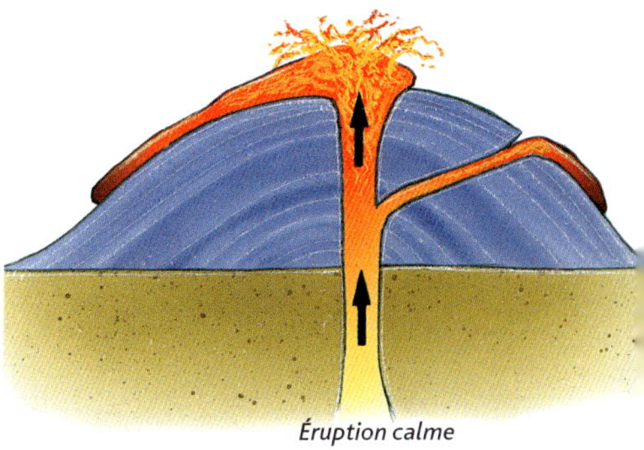

Éruption calme

En direct

Le 20 février 1943, un paysan mexicain sort tranquillement de chez lui... et découvre, ébahi, une fissure qui crache de la vapeur et des lambeaux de lave dans son champ de maïs. Un bébé volcan ! Appelé Paricutín, il s'est mis à grandir à toute vitesse. Un an plus tard, il faisait 300 m de haut et avait couvert de cendres toute la région. Il n'est resté actif que 9 ans et, à cause de lui, le paysan et 4 500 habitants de la région ont perdu leurs terres et leurs maisons.

Du magma en bouteille

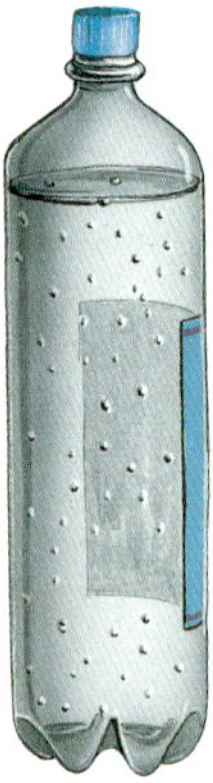

❶ *Dans une bouteille de boisson gazeuse bien fermée, le gaz est invisible. Il est dissous dans le liquide.*

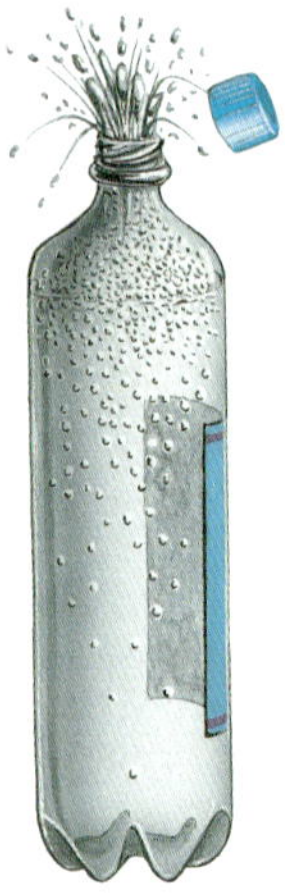

❷ *Dès que tu ouvres la bouteille, tu entends : psshittt... C'est le gaz qui s'échappe. Il forme des bulles, qui remontent et crèvent à la surface du liquide.*

Les éruptions volcaniques

Les volcans rouges sont de grands calmes. Ils vomissent des fleuves de lave mais n'explosent pas. Les volcans gris font tout sauter et crachent des panaches de cendres. La violence d'un volcan dépend du magma. Quand il est fluide et ne contient pas beaucoup de gaz, l'éruption est tranquille. Plus la lave est visqueuse et riche en gaz, plus l'éruption peut être spectaculaire.

Les volcans rouges

Ce sont les moins dangereux. Leur magma est très fluide, et il ne contient pas beaucoup de gaz. Ces derniers sortent presque aussi facilement que les bulles d'une boisson gazeuse, et la lave s'écoule tranquillement à la surface. C'est une vraie rivière de feu, de couleur rouge.

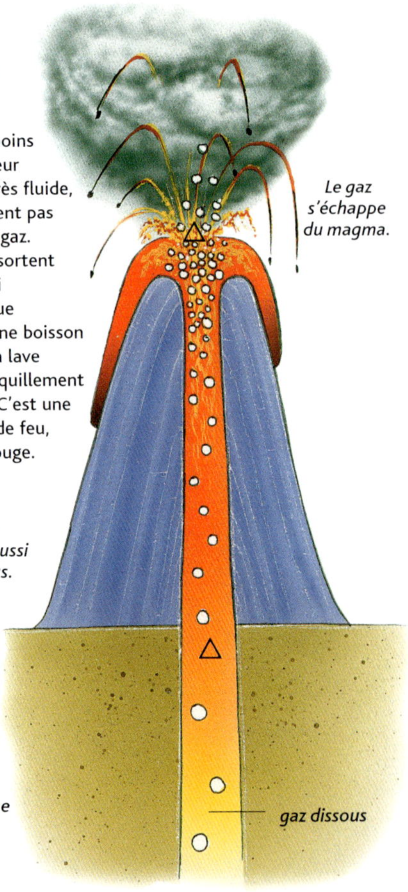

❸ *Le magma contient lui aussi du gaz dissous. Il s'échappe quand la pâte de roches fondues remonte dans le volcan et quand la pression baisse comme dans la bouteille ouverte.*

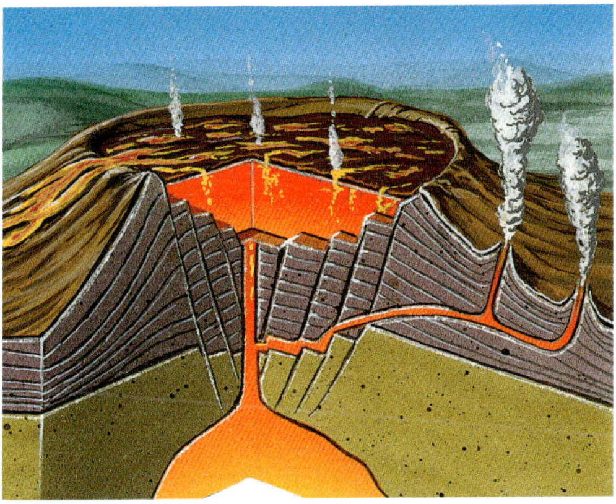

Des lacs de lave remplissent parfois les cratères des volcans rouges. La baignade est interdite : la température frise 1 200 °C !

De belles fontaines de feu se forment quand des bulles de gaz éclatent à la surface d'un lac de lave.

L'éruption d'un volcan rouge peut virer au cauchemar si le magma, au cours de sa remontée, rencontre une nappe d'eau. Sous l'effet de la chaleur, elle se transforme en vapeur. La pression monte, et le volcan explose.

Éruption… sous pression !

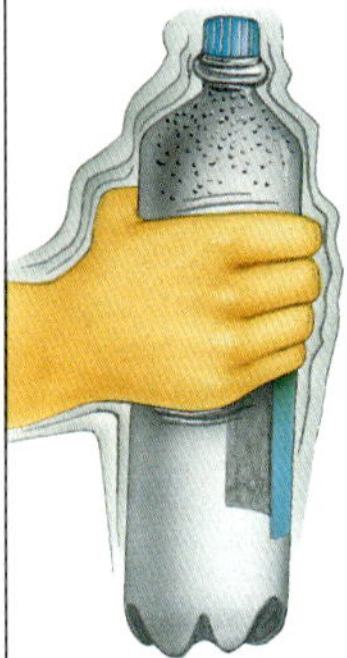

❶ *Agite une bouteille de boisson gazeuse bien fermée. Le gaz s'accumule sous le bouchon. Il veut sortir et pousse très fort.*

❷ *Dès que tu ouvres, il jaillit à l'extérieur… et te couvre de liquide ! Imagine un peu si cela avait été de la lave : c'est exactement ce qui se passe dans les volcans gris.*

Les volcans gris

Leur colère est terrible. Du magma très riche en gaz et très pâteux remonte à la surface. Les bulles essayent de s'échapper, mais la lave épaisse les retient prisonnières. Le gaz veut absolument sortir, et il fait tout exploser ! Un mélange de magma, de gaz et de morceaux du volcan réduits en miettes est éjecté dans l'espace à des vitesses fantastiques.

Mauvaise haleine

Les volcans rejettent du gaz carbonique, de la vapeur d'eau, du soufre ou encore de l'acide chlorhydrique. Certains gaz ont une très mauvaise odeur : l'hydrogène sulfuré sent l'œuf pourri ! En 1986, une énorme bulle de gaz carbonique a crevé à la surface du lac Nyos, niché au fond d'un cratère, au Cameroun. Elle a asphyxié 1 746 personnes et 3 000 têtes de bétail.

Les moins dangereux se contentent de cracher, comme des pépins, des paquets de lave et de roches. C'est ce que fait le Stromboli, un volcan italien, depuis au moins 3 000 ans...

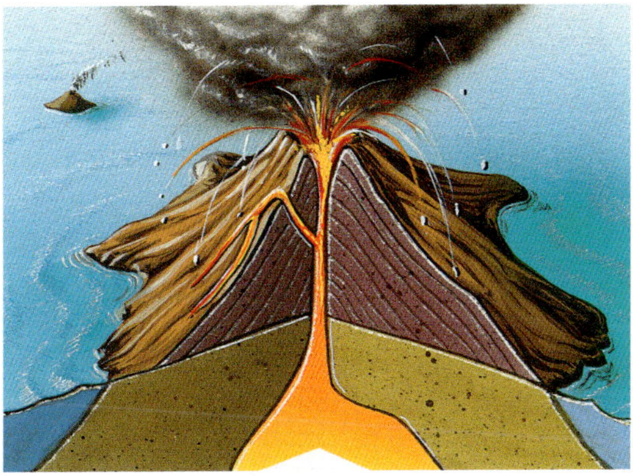

Lors de l'éruption du Vésuve, en 79 apr. J.-C., une épaisse colonne de gaz, de lave et de cendres a jailli du volcan comme une fusée. Plusieurs fois la vitesse du son ! Le mélange est retombé et a entièrement recouvert les villes de Pompéi et d'Herculanum.

La nuée ardente est terrifiante. C'est une mousse brûlante, faite de gaz mélangés à de la lave et des cendres, qui dégringole la pente du volcan à plus de 200 km/h... En Martinique, le 8 mai 1902, les 32 000 habitants de la ville de Saint-Pierre ont été balayés par le souffle de la montagne Pelée. Deux personnes seulement ont survécu...

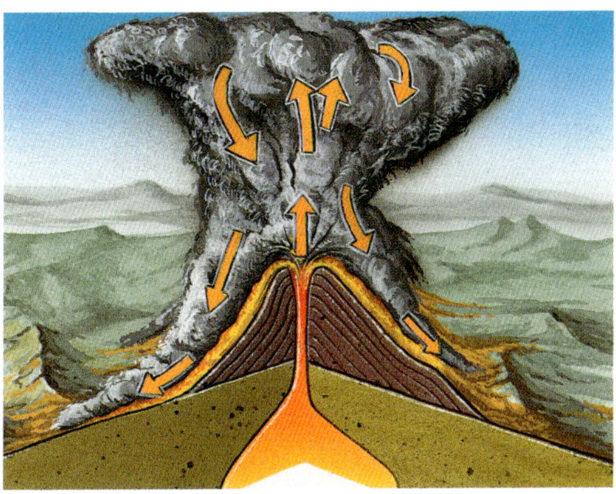

Du magma en casserole

❶ *Mets une casserole remplie d'eau sur le feu. Au bout d'un moment, l'eau se met à bouillonner.*

❷ *Au fond de la casserole, près du feu, l'eau est très chaude. Alors elle remonte vers la surface. Elle se refroidit au contact de l'air, et elle redescend.*

Il se passe la même chose dans le manteau : il fait plus chaud en bas, près du noyau, qu'en haut. Des courants apparaissent.

Comment naissent les volcans

Pour fabriquer un volcan, il y a plusieurs recettes. Les vilains gris apparaissent dans les endroits où la croûte plonge vers les profondeurs de la planète. Quant aux gentils rouges, certains poussent là où la croûte est tellement étirée qu'elle casse. D'autres, situés au-dessus de points chauds, naissent un peu n'importe où...

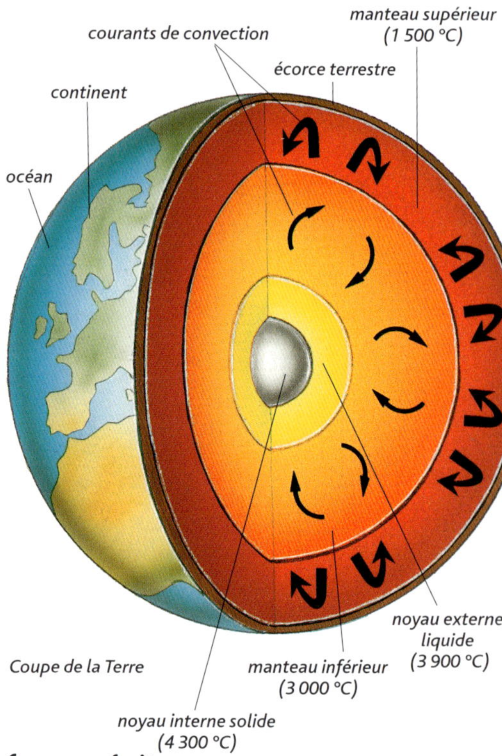

Coupe de la Terre

Comme un fruit

La Terre ressemble à un fruit. Elle a un gros noyau, entouré par un épais et chaud manteau de roches. Elle est enveloppée dans une fine peau de cailloux froids, l'écorce terrestre.
Sous cette couverture, le manteau est brassé par des courants très puissants et très lents.

Une bien maigre croûte

Tu vis sur la croûte terrestre, un tapis de roches bien solides, mais qui n'est vraiment pas très épais. Sous les océans, la croûte fait en moyenne 10 km d'épaisseur. Elle atteint 30 à 70 km au niveau des continents. La croûte terrestre repose sur une enveloppe de cailloux épaisse et rigide, appelée lithosphère. Juste en dessous, il y a le manteau.

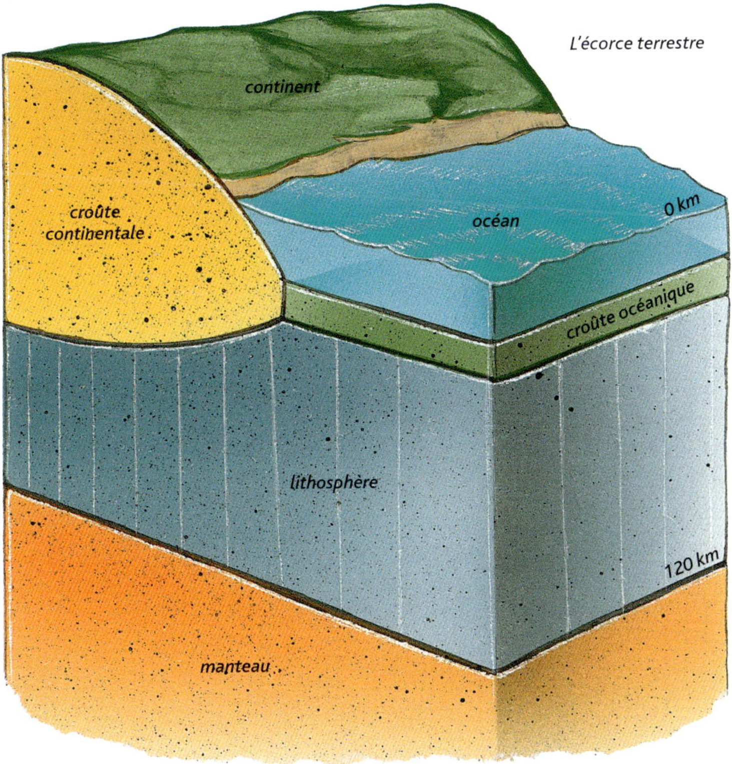

L'écorce terrestre

La chaleur de la Terre

Il n'y a pas de feu au centre de la Terre, mais beaucoup d'atomes radioactifs. Ils se désintègrent, ils se cassent tout le temps, pour former d'autres atomes. En se transformant, ils libèrent de l'énergie, c'est-à-dire de la chaleur.

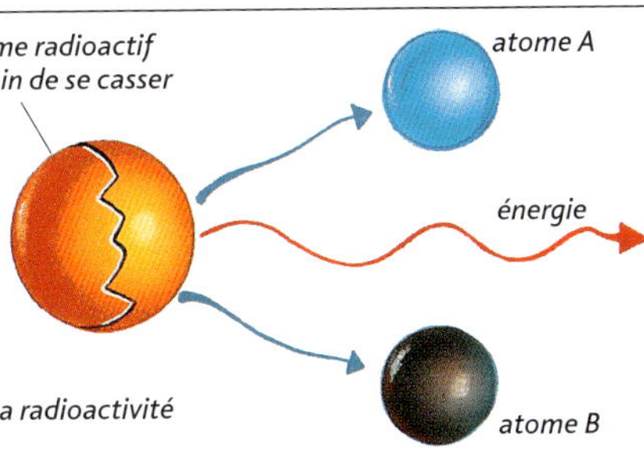

La radioactivité

Des volcans dans le fossé

La pauvre croûte est entraînée par les courants du manteau comme par un tapis roulant. Parfois, ils tirent dessus tellement fort qu'elle se déchire. Il se forme un fossé, appelé rift, bordé de cassures. Le magma qui se trouve juste en dessous en profite pour remonter et s'étaler à la surface. Un volcan rouge est né.

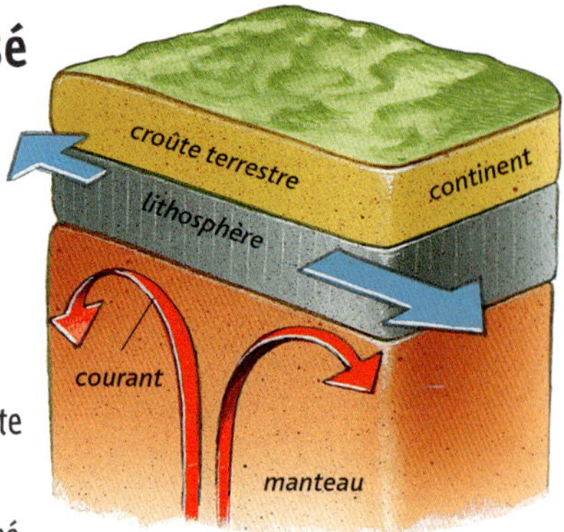

❶ Prends une biscotte et tire sur ses deux bouts. C'est facile de la casser en deux !

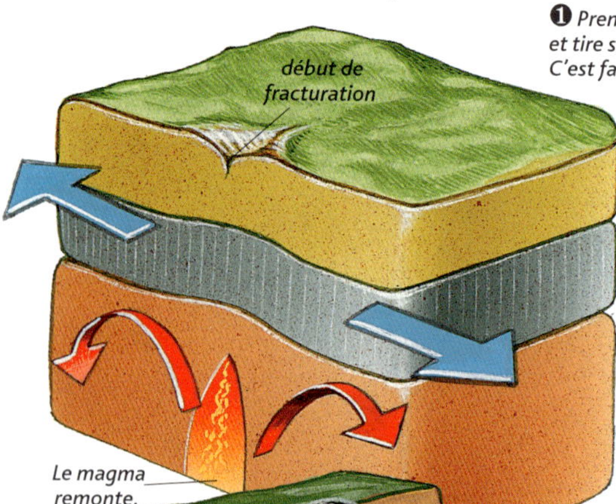

❷ La croûte terrestre, c'est autre chose ! Mais quand les courants du manteau sont de sens contraire, ils l'entraînent avec eux, chacun de son côté.

❸ Tiraillée, écartelée, la croûte résiste, résiste... jusqu'à ce qu'elle n'en puisse plus et cède. Le magma n'a plus qu'à sortir par ses fractures.

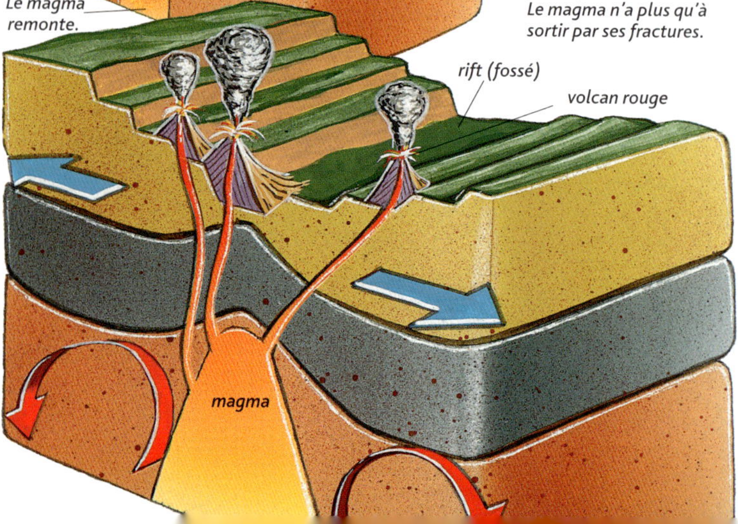

La naissance d'une dorsale

▲ Le fossé continue à s'élargir et il se remplit d'eau. La croûte se déchire, et une grande blessure volcanique par laquelle sort de la lave s'installe au milieu du rift. Un océan est né...

▼ L'océan s'élargit. La fissure volcanique devient une longue chaîne qui produit de la lave en permanence. En sortant, elle durcit, elle devient de la croûte. Mais le magma frais qui arrive derrière la repousse sur les côtés.

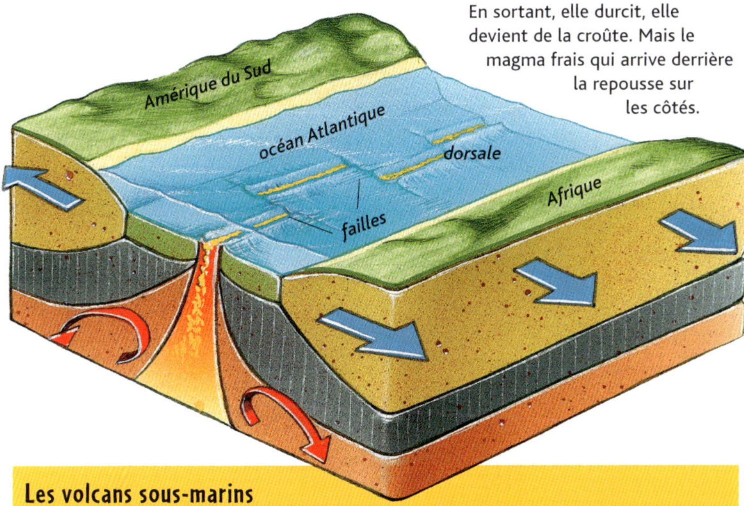

Les volcans sous-marins

Les plus longues chaînes de volcans du monde se trouvent... sous les océans ! Au milieu de l'océan Atlantique court une gigantesque fissure de la croûte terrestre, appelée dorsale, longue de plusieurs dizaines de milliers de kilomètres. Le sommet de cette immense colonne vertébrale volcanique se trouve à plus de 2 500 m de profondeur.

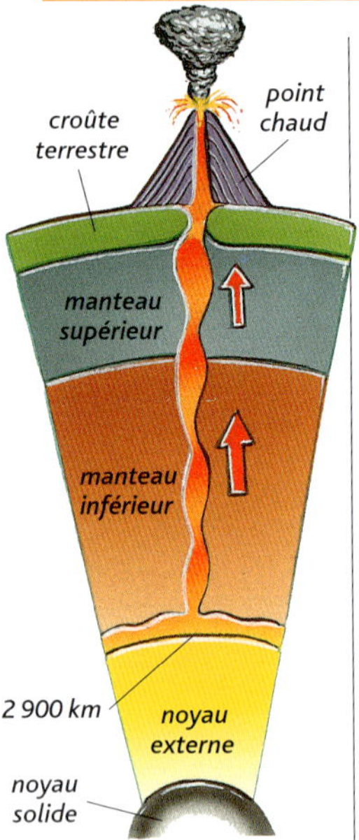

Les points chauds

Les points chauds sont des volcans qui poussent un peu n'importe où à la surface de la Terre. De grosses bouffées de magma remontent parfois du ventre de la Terre. Elles percent la croûte et donnent naissance à de beaux volcans rouges. Il existe une quarantaine de points chauds actifs dans le monde.

Le plus grand

Le plus grand volcan de la Terre, le Mauna Loa, est situé à l'aplomb d'un point chaud. Il se trouve à Hawaii et il se dresse à 10 000 m au-dessus du fond sous-marin.

Les volcans de subduction

Ce sont des volcans gris, les plus dangereux du monde. Si tu ne comptes pas les dorsales et les points chauds, ils forment les 3/4 des volcans terrestres.

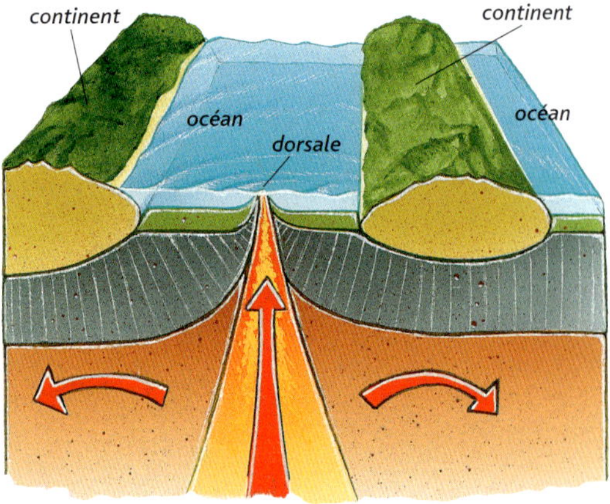

Les volcans sous-marins fabriquent en permanence de la nouvelle croûte. Elle doit se faire une place à la surface de la Terre.

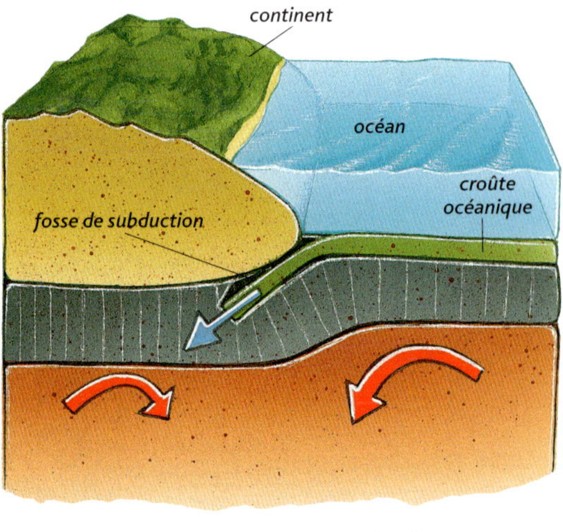

De la vieille croûte est obligée de partir. Elle plonge sous un continent ou sous un océan, et disparaît dans le manteau. Ces endroits s'appellent des zones de subduction.

La vieille croûte commence à fondre lorsqu'elle atteint 120 km de profondeur.

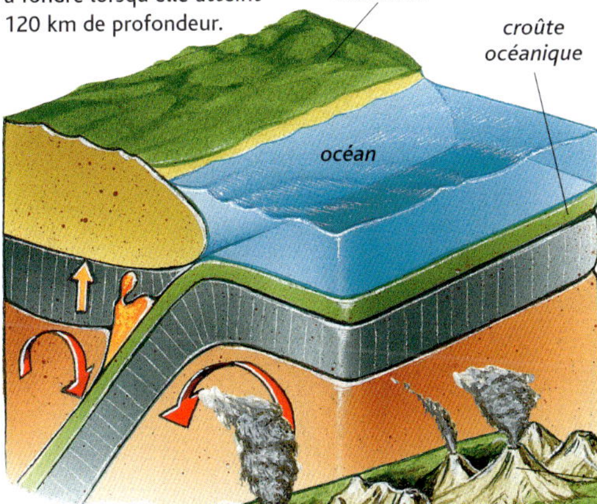

Vapeur explosive

En disparaissant, la croûte entraîne avec elle de l'eau de mer et tous les sédiments qui se sont déposés au fond des océans. Lorsqu'elle fond, elle produit un magma visqueux et gorgé d'eau. Cette eau se transforme en vapeur qui fait tout exploser.

Au secours ! Un volcan gris !

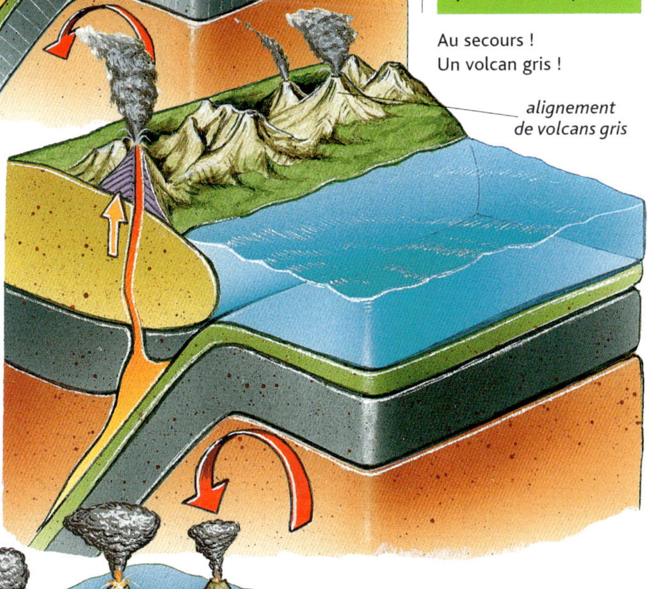

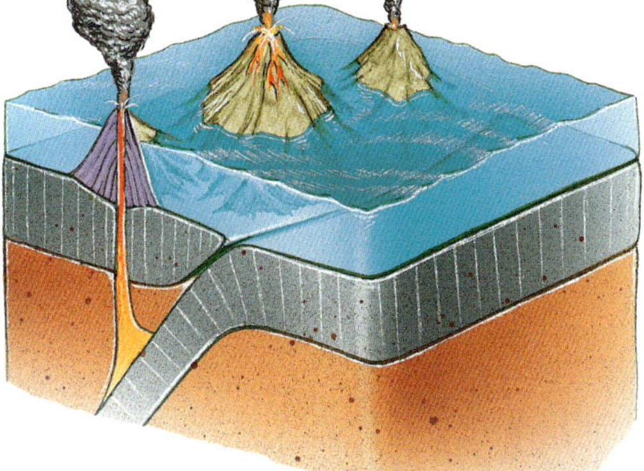

Les arcs volcaniques

La zone de subduction se trouve en bordure des océans... Les volcans grandissent, jusqu'à ce qu'ils émergent de l'eau. Ils forment des îles, disposées en arcs. La Guadeloupe et la Martinique sont des îles volcaniques.

Les volcans du monde

Un volcan peut dormir pendant des milliers d'années et se réveiller brusquement. Prudents, les scientifiques considèrent que tous les volcans qui ont eu une éruption au cours des dix derniers milliers d'années sont actifs. Au total, il y en a plus de 1 500.

La ceinture de feu du Pacifique

Une immense zone de subduction entoure l'océan Pacifique. Elle borde l'Amérique du Sud, l'Amérique du Nord et une partie du continent asiatique, depuis la Sibérie jusqu'à la Nouvelle-Zélande, en Océanie, en passant par le Japon et les Philippines. C'est la plus grosse concentration de volcans actifs et dangereux du monde.

L'île volcanique

L'Islande est l'un des pays les plus volcaniques du monde. Et pour cause : l'île se trouve pile sur une dorsale !

La dorsale océanique

La plus longue montagne du monde est invisible. Elle serpente sous l'eau, au milieu des océans, et sa longueur totale est d'environ 75 000 km.

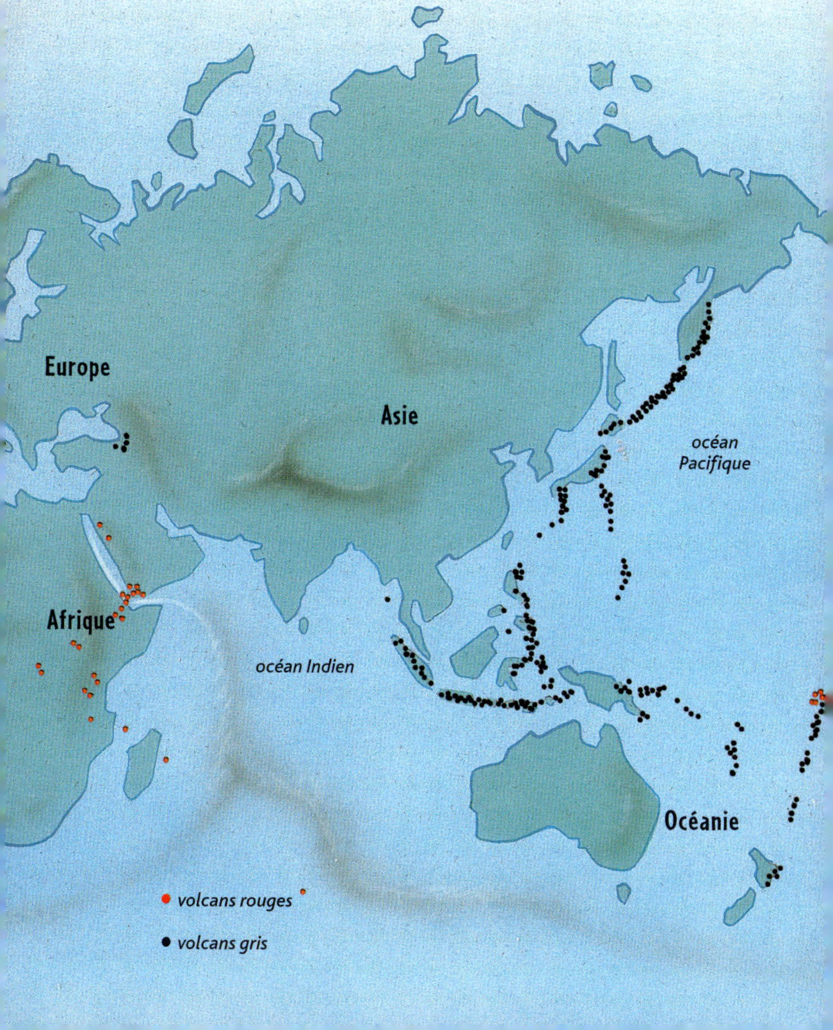

Les bienfaits des volcans

En 1 000 ans, les volcans ont fait 300 000 victimes. Pourtant, 360 millions de personnes continuent à vivre au pied de ces montagnes meurtrières.
Elles savent qu'elles risquent de perdre leurs terres, leurs maisons et... leur vie. Mais le jeu en vaut la chandelle : les volcans savent aussi se montrer très généreux.

De bons minéraux

Les volcans recrachent beaucoup de soufre, un minéral de couleur jaune très utile en chimie. Au Chili, les hommes montent jusqu'au sommet du mont Purico, à 5 000 m d'altitude, pour chercher ce soufre.

Du bon vin

Les pentes du Vésuve ont toujours été un véritable jardin. Depuis l'époque romaine, ses flancs fertiles sont couverts d'arbres fruitiers, de légumes et surtout de vigne. Le Vésuve est toujours actif, et son éruption pourrait faire 700 000 victimes.

De bonnes récoltes

La cendre volcanique donne un sol très fertile. Elle est riche en sels minéraux dont les plantes raffolent. Dans les îles de l'océan Indien, le thé, le café, le riz sont plantés au pied des volcans. Et les récoltes sont très abondantes.

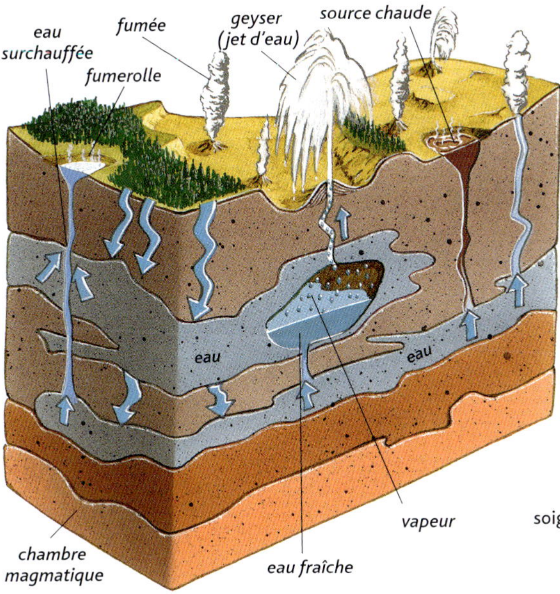

Une bonne santé

Lorsqu'il ne dort que d'un œil, le volcan est une vraie marmite en ébullition. Il laisse échapper son gaz et il fume de partout. Ses flancs se couvrent de baignoires pleines de boue glougloutante et de sources chaudes remplies de minéraux bienfaisants. Rien de tel qu'un bon bain volcanique pour soigner ses rhumatismes et sa peau !

Une bonne énergie

L'eau chauffée par les volcans est une source d'énergie gratuite et non polluante. En Islande, elle remplit les piscines. En Californie ou en Italie, la vapeur qui s'en dégage est récupérée et sert à fabriquer de l'électricité.

L'année sans été

En 1815, l'éruption du volcan Tambora, en Indonésie, a tué 92 000 personnes. Elle a complètement détraqué le climat. Il a neigé en plein mois de juin en Amérique du Nord, et il a fait tellement mauvais en Europe que l'année qui a suivi l'éruption a été baptisée « l'année sans été ».

L'hiver volcanique

Les volcans recrachent de grandes quantités de soufre dans l'atmosphère. Ce gaz agit comme un rideau : il masque les rayons du Soleil et les empêche de réchauffer la Terre.

Tueurs de dinosaures ?

En Inde, il y a 65 millions d'années, une gigantesque éruption a recouvert de lave une surface grande comme la France. La température a baissé de plusieurs degrés, le ciel s'est obscurci et des pluies d'acide sulfurique ont anéanti la végétation. Certains scientifiques pensent que cette catastrophe a peut-être provoqué la disparition des dinosaures.

Les volcans du système solaire

Des volcans, il y en a partout... dans le système solaire ! La Terre n'est pas la seule planète à cracher du feu. Vénus et Mars ont eu le cœur assez chaud pour essuyer quelques tempêtes volcaniques, et Io, un satellite de Jupiter, est un véritable enfer.

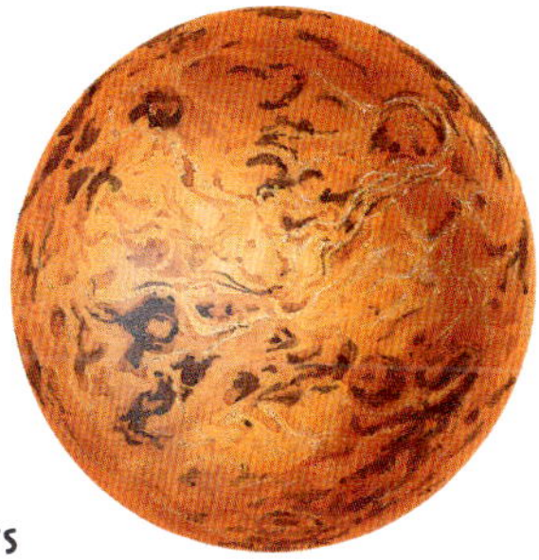

Vénus

La planète Vénus est couverte de milliers de boutons volcaniques. Certains, larges et pas très hauts, ressemblent à des crêpes. Vénus détient le record de la plus longue coulée de lave : 7 000 km !

Mars

Le plus grand volcan du système solaire, l'Olympus Mons, se trouve sur la planète Mars. Sa base fait 650 km de diamètre, et il mesure 26 km de haut !

Io

Io est entièrement recouverte de volcans de toutes sortes qui rejettent chaque année des milliards de tonnes de roches en fusion et de soufre. Son volcan Pelé crache son venin jusqu'à 300 km d'altitude !

Il ment

Il faut toujours se méfier du volcan qui dort et bien connaître son passé. Le Nevado del Ruiz, un volcan de Colombie, a fait 25 000 victimes en 1985. Tout le monde avait oublié qu'un siècle et demi auparavant il avait déjà détruit une ville entière.

Attention, je vais exploser !

Le comportement d'un volcan change avant une éruption. Il émet des signaux, des avertissements qui alertent les hommes de son prochain réveil. À eux de choisir s'il faut fuir ou rester... Les volcanologues savent prédire quand une éruption va avoir lieu, mais ils ne peuvent pas toujours en préciser la violence.

Il tremble

Pendant leur remontée, le magma et les gaz qui s'en échappent cherchent toujours à se frayer un chemin dans la roche. Ils passent en force et ils fracturent la croûte sur leur passage. Ils provoquent de mini-tremblements de terre, captés par des sismographes installés sur les flancs du volcan.

Sous haute surveillance

Pour avoir une chance de capter les signes avant-coureurs d'une éruption, il faut être constamment à l'écoute du volcan. Toutes ses réactions sont enregistrées par des stations de surveillance, qui donnent l'alerte quand il menace de piquer une crise.

Il gonfle

Avant une éruption, le volcan se met à gonfler. Ses flancs se soulèvent et s'inclinent un peu plus que d'habitude. Mais pas de beaucoup : à peine quelques millimètres. Des appareils très précis arrivent à mesurer ces mouvements, dus eux aussi à la remontée du magma.

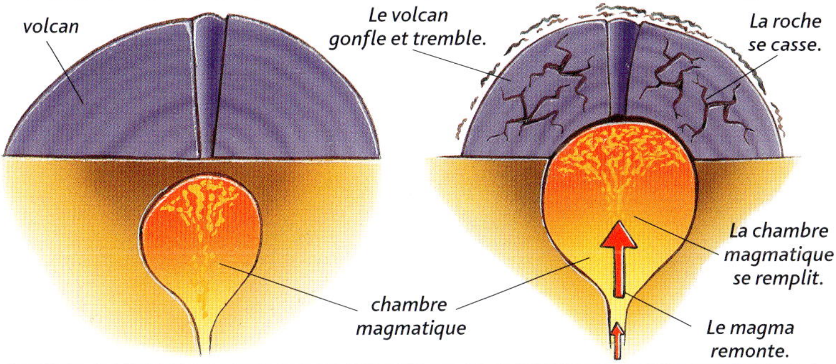

Métier : volcanologue

Les volcans ne sont pas l'affaire d'un seul spécialiste, mais de plusieurs. À chacun son travail, et les tâches sont nombreuses. Il faut :

- recueillir et analyser les gaz et la lave qui s'échappent du volcan ;
- établir des cartes géologiques précises du cracheur de feu pour savoir où vont se diriger les coulées de lave ;
- étudier les mouvements de la croûte à l'endroit où il se trouve ;
- surveiller son activité sismique ;
- savoir comment il fonctionne en profondeur ;
- observer ses éruptions... sans trop s'approcher.

Tous différents

Les volcans se suivent et ne se ressemblent pas. Les « montagnes de feu » ne sont pas toujours... des montagnes ! Il y en a de toutes les sortes, des tout plats, des grands pointus, des troués, des hérissés, des fatigués...

Élégants ▼

Les volcans gris ont les formes les plus parfaites. Ce sont de grands cônes pointus qui dominent le paysage de plus de 1 000 m de hauteur. Au Japon, le Fuji-Yama est l'un des volcans les plus célèbres et les plus beaux du monde. Les artistes japonais ne se sont jamais lassés de le peindre.

Ronds ▼

Les volcans rouges de Hawaii ont des formes arrondies. Ils ressemblent à une gigantesque carapace de tortue, ou à un bouclier.

Cassés ▼

Les volcans d'Islande ne ressemblent... à rien. Ce sont de grandes blessures de la croûte par où s'échappe de la lave rougeoyante.

Effondrés ▶

Les éruptions peuvent être tellement violentes que le volcan, vidé de son magma, s'effondre. À la place apparaît un grand trou, la caldeira. La plus grande se trouve au lac Toba, en Indonésie : elle fait 100 km de diamètre...

◀ Sculptés

En se refroidissant, la lave prend parfois la forme de gigantesques colonnes. En Irlande, les habitants pensaient qu'une coulée, au nord de l'île, était une route que les géants empruntaient pour se rendre en Écosse.

Multicolores ▶

Les minéraux produits par les volcans donnent de drôles de couleurs au paysage. Dans la ville de Beppu, au Japon, le fer a coloré l'eau d'une mare en rouge sang.

◀ Humides

Dans le parc de Yellowstone, aux États-Unis, l'activité volcanique tourne au ralenti. Pour le plus grand plaisir des touristes, qui peuvent sans risque admirer ses 200 geysers, des jets d'eau chaude du plus bel effet.

Pas de fossiles

Tu ne trouveras jamais de roche volcanique avec des fossiles : la lave détruit toute trace de vie sur son passage.

Les roches volcaniques

Éjecté par le volcan, le magma hyperchaud arrive à la surface de la Terre. Il refroidit, se solidifie et donne des roches particulières, les roches volcaniques. Leur forme et leur aspect varient en fonction de la vitesse à laquelle le magma a été éjecté, de la rapidité de son refroidissement et de sa composition.

basalte

Le basalte est la plus courante des roches volcaniques. Elle est noire ou brune, avec de minuscules cristaux.

andésite

L'andésite, cousine du basalte, est plus claire, avec des cristaux sombres et clairs.

Cristaux nains

Les cristaux des roches volcaniques sont tout petits. Ils n'ont pas eu le temps de grossir car le magma s'est refroidi trop vite. Ils sont noyés dans une espèce de pâte solide de différentes couleurs.

Figé !

Parfois, le refroidissement du magma est tellement brutal que les cristaux n'ont même pas le temps d'apparaître. La roche ressemble à du verre, ou à une pâte opaque.

rhyolite

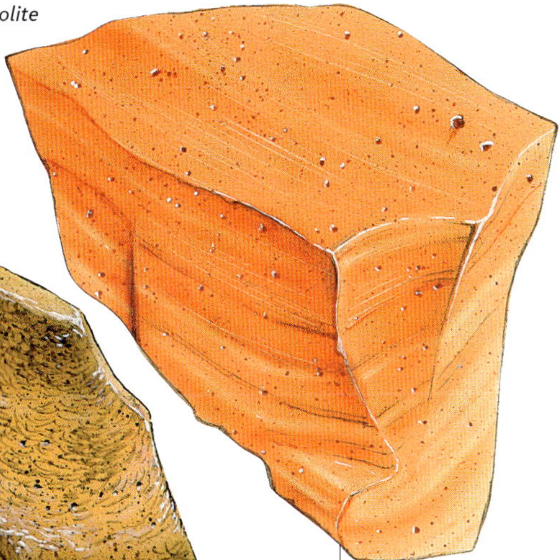

La rhyolite et la dacite sont plus gaies, avec leur teint rose, gris clair, ou vert.

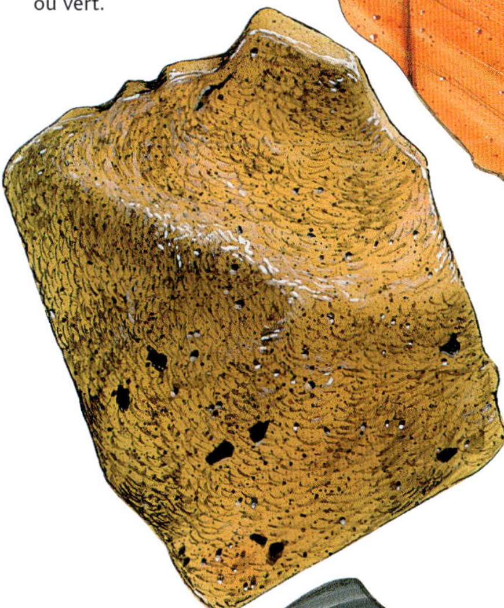

dacite

L'obsidienne, noire ou vert foncé, est la plus jolie des roches volcaniques.

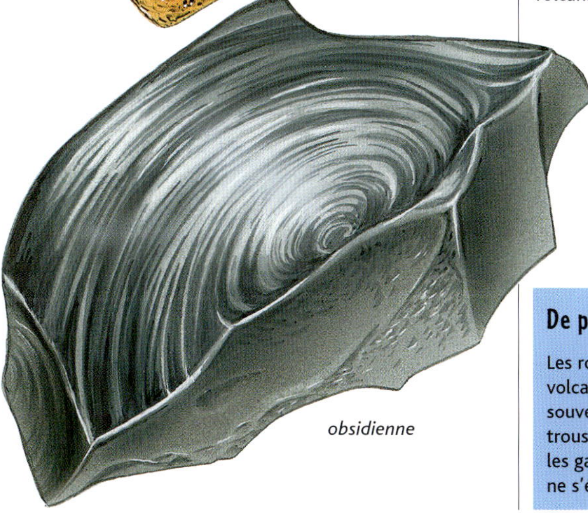

obsidienne

De petits trous

Les roches volcaniques sont souvent pleines de trous. Ils contenaient les gaz, avant qu'ils ne s'échappent.

Pépins volcaniques

Les volcans gris recrachent des gaz et quantité de poussières, de cendres, de morceaux de roches ou de lave.

Quand la lave refroidit

En se refroidissant, la lave liquide donne des coulées lisses un peu ridées, appelées « pahoehoe ».

Les coulées de lave visqueuse se couvrent d'une croûte toute hérissée et piquante. Marcher dessus fait tellement mal aux pieds que les Hawaiiens les ont baptisées « aa » !

Quand de la lave riche en gaz et visqueuse se fige brusquement, elle peut donner de la pierre ponce. Elle est tellement légère qu'elle flotte.

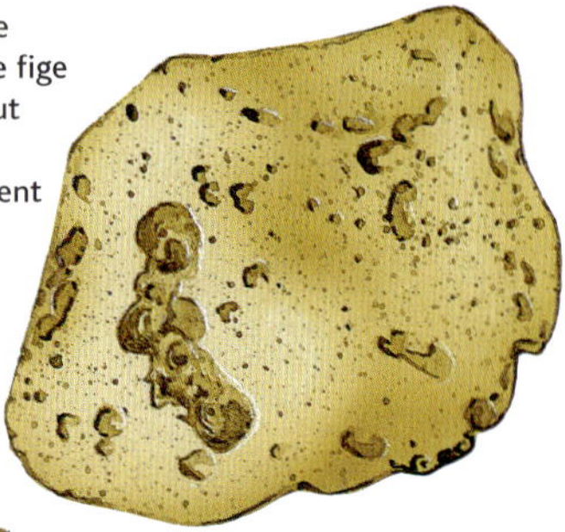

Les cendres sont formées de particules qui mesurent moins de 2 mm.

Les bombes, en forme de fuseau tordu, sont de gros morceaux de lave recrachés par le volcan.

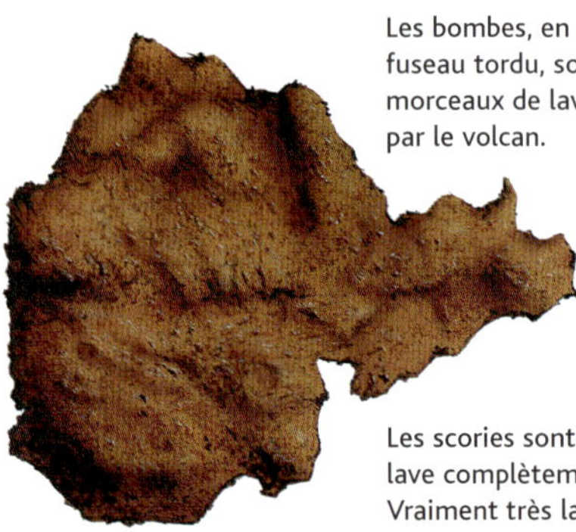

Les scories sont des bouts de lave complètement informes. Vraiment très laides...

Lave refroidie

Lorsqu'elles se sont solidifiées, les coulées de lave prennent un aspect qui dépend de la fluidité du magma.

Un collier de volcans

Tu n'as pas besoin d'aller au bout du monde pour admirer, en toute sécurité, de beaux spécimens de volcans et de roches. La France possède en Auvergne un alignement de gros fumeurs, encore en activité il y a 7 000 ans.

Discrets !

Ils sont tellement discrets que ce n'est qu'en 1751 que les savants français se sont rendu compte que les monts d'Auvergne étaient... des volcans !

La chaîne des Puys

La chaîne des Puys est dominée par la haute silhouette du puy de Dôme, qui culmine à 1 465 m d'altitude. Elle compte une bonne centaine de volcans, encore en activité il y a 8 000 ans. Les hommes préhistoriques ont pu suivre certaines de ces éruptions en direct...

Les monts Dore

Au nord du Cantal, se trouvent les monts Dore. Ce volcan est un gros costaud, qui s'étale sur une surface grande comme 6 fois Paris ! Il était en pleine forme il y a 3 millions d'années, et il a recouvert la région d'une véritable mer de pierres ponces, avant de s'endormir il y a 200 000 ans.

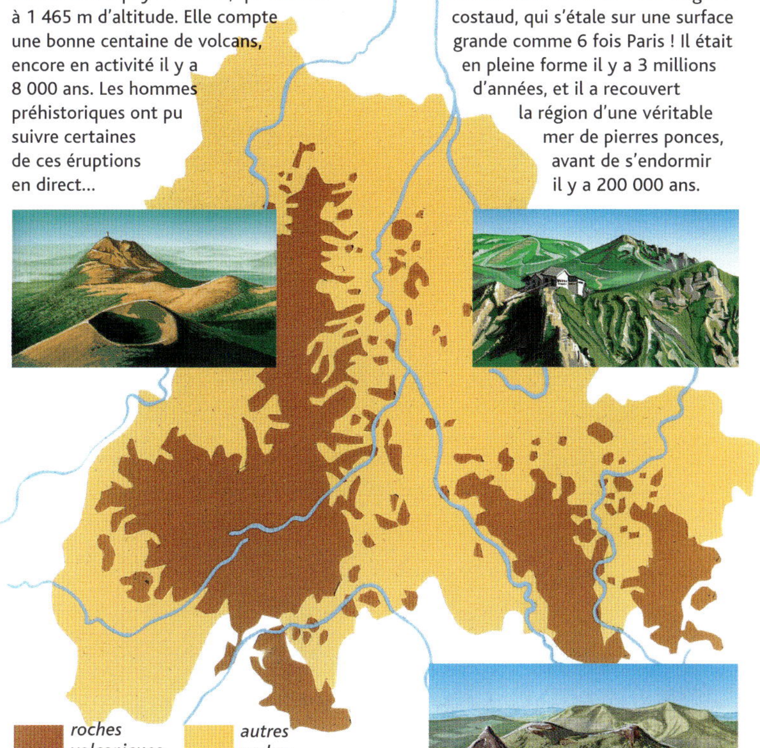

Le Cantal

Le massif du Cantal était un vrai monstre, haut de 3 000 m et large de 45 km. Il ne donne plus signe de vie depuis au moins 3 millions d'années...

Index

Activités et identification, la nature est pleine d'idées, et tes carnets pleins d'inventions.

Dans la même collection

1 Fleurs des montagnes
2 Arbres d'Europe
3 Oiseaux des jardins
4 Traces et empreintes
5 Engins flottants
6 Cabanes et abris
7 La météo
8 L'orientation
9 Le secourisme
10 Petites bêtes de la campagne
11 Champignons des bois et des prés
12 Oiseaux des montagnes
13 Étoiles et planètes
14 Nichoirs et mangeoires
15 Feux et cuisine
16 Poissons d'eau douce
17 Fossiles d'Europe
18 Reptiles d'Europe
19 Messages secrets
20 Luges, traîneaux et raquettes
21 Mammifères des montagnes
22 Oiseaux du bord de mer
23 Les arbustes et leurs secrets
24 Avoir un chien
25 Jouets des bois et des champs
26 Roches et minéraux
27 Mammifères des bois et des champs
28 Oiseaux des rivières et des étangs
29 Fleurs des champs
30 Aquariums
31 Le jardinage – Les légumes
32 Le jardinage – Les fleurs
33 Meubler sa cabane
34 Élever des petites bêtes
35 Poissons de mer
36 Fleurs des bois
37 Arbres des villes et des jardins
38 Avoir un chat
39 Avoir un cochon d'Inde
40 Les chiens
41 Objets volants
42 Engins roulants
43 La pêche en eau douce
44 Petites bêtes des rivières et des étangs
45 Les dinosaures et leurs cousins
46 Mammifères marins
47 Les chats
48 Poneys et chevaux
49 Les requins
50 Petites bêtes du bord de mer
51 Mobiles
52 Plantes méditerranéennes
53 Les vaches
54 Les félins
55 Fleurs d'eau douce
56 Jouets de la campagne
57 Découvrir le bord de mer
58 Le jardinage – Les plantes d'intérieur
59 Les nœuds
60 Petites bêtes des montagnes
61 Les singes
62 Les animaux de la ferme
63 Avoir un poney
64 Papillons et chenilles
65 Plantes agricoles
66 Musique en herbe
67 Arbres fruitiers
68 Poissons d'aquarium
69 La ruche
70 Herbiers et fleurs séchées
71 Les volcans
72 Bijoux et créations nature
73 Tremblements de terre
74 Déguisements nature
75 La vigne
76 Petites bêtes de la maison
77 Un hamster à la maison
78 Tempêtes et cyclones
79 Jeux de plein air
80 Comètes et météorites
81 L'archéologie
82 La fourmilière
83 Plantes carnivores
84 L'eau
85 Animaux en danger
86 Le corps humain
87 Les rapaces
88 Des oiseaux à la maison
89 Petites bêtes des jardins
90 Sur les traces des dinosaures

300, rue Léon-Joulin, 31101 Toulouse Cedex 9, France.

Loi 49.956 du 16.07.1949
ISBN : 2.7459.1171.6
Dépôt légal : 2e trimestre 2003
Imprimé en Italie par Canale